PALOMA MOYA

Lo que cuentan los pétalos de un girasol

© Paloma Moya

Lo que cuentan los pétalos de un girasol,
Paloma Moya

Primera edición, 2019

ISBN: 9781082093357

Imprint: Independently published

AutopublicArte
www.autopublicarte.com

Diseño de tapa: Nessa Simmons

Ilustraciones: Nessa Simmons

Corrección: Nathalia Tórtora

Maquetación: Nathalia Tórtora

Editora: Natalia Hatt

Somos así, pequeñas tortugas
en este mundo literario,
pero vamos de a poquito.
Y lo vamos a lograr.

Yenifer Boyado

A mi girasol,
por ser la inspiración para
muchas de las cosas que hice.

Y para que no lo olvides,
recuerda mi 5 de febrero;
naciste como una estrella,
como parte del destello,
y brillas más allá
del furor del sol entero.

Atte. Tu 26 de enero.

Al que lee esto:

Entre tus manos se encuentra un pedazo de mi sentir, de mi pensar y de mi actuar. En fin, partículas de mi florecer y también de los momentos de mi desfallecer.

Te agradezco que te tomes la molestia de leer página por página o, como yo le digo, pétalo por pétalo. Por leer entre letras lo que a veces lloramos y callamos, lo que a veces consumimos por ese alguien que aterriza en nuestro camino.

Gracias por querer conocer lo que cuentan los pétalos de este girasol.

Índice

Sequía

Entre todos los días soleados,

la sequía contagió el bordado.

El decorado de un prado nunca antes tocado.

¿A dónde hemos llegado?

Mejillas recibiendo besos de doble filo.

Corazones siendo apuñalados por dagas de mentiras.

Palabras de amor, en bocas de payasos.

Ojos mirando con dos caras.

Sonrisas de hipócrita felicidad.

Manos tocando sin sentir,

almas sintiendo por sentir y no por querer.

¿Cuándo nos detendremos?

Desconexión

A veces siento que de anestesia me he llenado
y que a mis sentimientos he matado.

Tal vez en un coma las experiencias me han dejado
y a mi corazón han congelado.

Me duele lo que el mundo de mí ha creado,
pero más me duele que no me duele
ni siquiera un poco.
Pues mi alma de piedra ha quedado.

Mi cerebro se ha desconectado
y me he convertido en una pieza más
de este mundo inhumano.

Guerrera sin armadura

Manos atadas, corazón herido.

Alma en prisión y, si alguna vez tuve la oportunidad
de volar más alto que las nubes, más allá que el cielo,
pues mis alas han sido cortadas.
Desgarradas de mi piel y despeluzadas.
Dejadas a su suerte,
volando a donde el viento las llevara.

Y, sin ellas, este corazón herido se ha cansado,
cansado de no tener protección, de no tener armadura.
Armadura para la guerra que es el constante día a día,
en este mundo intoxicado.

Nuestros padres nos enseñan muchas cosas,
pero no la más importante.

Tal vez, si lo hicieran,
el reflejo en nuestro espejo sería más apreciado
y menos criticado.

14 de febrero

Cupido, no me fleches.
No porque esté reacia a la idea de soportar
a alguien más,
es solo que, si de amor se trata,
pues propio aún me falta.

Dicen que

mantengamos a nuestros enemigos cerca.

Ahora comprendo por qué tengo

tantos espejos.

Mentira.

Mentira que eres segura, mentira tu sonrisa

y la forma en la que armonizas.

¡Mentira, mentira, mentira!

Todo aquello por lo que agonizas.

Real.

Real la forma en la que miras al cielo,

buscando las respuestas en todos sus destellos.

Real como suspiras por cada verdad

a la que exterminas.

Mentira la forma en la que te miras

y real la forma en la que te consuelas.

Mentira, verdad, realidad.

¿Sabes siquiera dónde terminan?

Soy

Soy creativa en destruirme.

Soy una artista con la navaja,

que como pincel pasa por mi cuerpo

como si de un nuevo lienzo se tratara.

Soy pasión destructiva, creo trazos y marcas.

Soy un conjunto de inspiración contaminada.

Soy colores de dolor,

de miedo y cascadas de sangre escarlata.

Soy la obra creada en soledad y oscuridad.

Se molestan del presente que somos,

pero no apreciaban al pasado que éramos.

Llévame de nuevo al comienzo.

Donde las nuevas esperanzas reinaban

y no le teníamos miedo a fallar.

Llévame. Llévame a cuando éramos jóvenes

y teníamos la vida por delante.

A cuando fallábamos y pedir perdón era sencillo.

Llévame a cuando la vida era un espejismo,

una hermosa mentira tentadora.

Llévame al comienzo,

antes de que la vida se me escapara de las manos,

como lo hace la tierra de entre los dedos

o como lo hace el aire al pasar entre nosotros.

Es bastante irónico como creemos que,

con cortar las pulgadas de nuestro cabello,

también cortaremos el largo de nuestros problemas.

Creo que se nos olvida que el cabello crece.

No quise

No quise lastimarme.
Solo quise acallar las voces en mi cabeza.

No quise actuar con egoísmo.
Solo que en ti no pensaba.

No quise alejarte.
Pero ni en mí confiaba.

Nos enojamos con las mentiras,

pero sabemos bien que de verdades

nunca nadie se enamora.

Cobijas

Cobijas revueltas, son la traducción perfecta
de los demonios que en la noche
se alimentan de la mente y de lo que debió ser
un sueño apacible.

La depresión es un camaleón
que se camufla con sonrisas.

Decías no haberme querido herir,
pero creo que olvidaste que tu boca
era un arma y que tus palabras
eran las balas.

Pánico

Pensamientos y sentimientos, juntos en descompuesto.

Logrando incoherencias en mentes

que piensan con coherencia.

Creando guerras sin sentido por impaciencia,

ocasionando mareas y diluvios

de incontrolable pánico intolerable.

Componiendo cascadas de lágrimas desesperantes.

Ella tiene esa sonrisa, la que ni a sus ojos llega.

Ella tiene ese tacto con el que consuela.

Ella tiene ese corazón al que ni una rima espera,

porque roto se encuentra.

Soy hipócrita, lo acepto.

Acepto que me miento
y que muchas personalidades vendo.
Acepto que soy actriz y que en el espejo
actúo las sonrisas que no siento.

Soy hipócrita, lo acepto.
Porque pienso que con la verdad ahuyento.

A veces no es la pérdida en sí lo que duele,

sino la pérdida que ves en el rostro

de los que se han quedado.

No fuerces una sonrisa,

estas contienen veneno y

contaminan la realidad con su falsedad.

Tomé un girasol

Tomé un girasol,
lo miré con detenimiento por mucho tiempo.

Vi lo despreciado que era.
Sus cualidades se determinaban por lo fuerte
que su exterior brillaba
y por lo oscuro que su interior se opacaba.

Lo imperfecto que sus pétalos eran
y lo alto que volaban cuando el viento se los llevaba.
Como si al cada uno de ellos irse,
la chispa se exterminara.

Tomé un girasol,
tomé el error de solo mirar y de apreciar,
pero no de cuidar.

Tranquilo.

Si la vida no te cuida,

la muerte te enamora.

Si fuera un poema,
me leería y no me comprendería.
De seguro tendría palabras mal escritas
y diálogos incoherentes,
faltantes de rimas o de prosas avivantes.

Mi mente crea lapsos de coherencia
y otros de locura perturbante.
Y, como disco rayado delirante,
las voces en mi cabeza gritan en sinfonía alarmante.

Si fuera un poema,
tal vez te aburriría, tal vez te cansaría.
Posible y de seguro huirías, pero, por favor,
si fuera un poema,
ve más allá del error de la lírica descompuesta
e intenta leer entre las líneas donde nado
y mi tiro es de clavado.

Si fuera un poema,
desearía ser uno que valiera la pena.

Basta

Con la voz en alto te digo basta,
te digo basta y tú no paras.
No detienes todo este martirio
al que tanto agotamiento abarcas.
Te digo basta, te digo basta
y con mi voz mi cuerpo matas,
mi alma rompes sin reproches.

Te digo basta, con lágrimas como cascadas
poco a poco mi mundo corrompes.
Te digo basta, te digo basta,
pero tú ni a una inocente mente aguardas.
Solo descompones.

No pienses que obtendrás un final al feliz

cuando eres capaz de entregarte

la manzana envenenada a ti misma.

Antes se tomaban fotografías

para recodar los buenos momentos.

¡Hoy en día? Se toman como diciendo:

«sonríe a la cámara, para que la mentira perdure».

Mientras tu mente a ti te confundía,

contigo mi corazón hundías.

Siendo un ladrón de mi tiempo

y un egoísta de sentimientos.

A veces los sueños son mejores que la realidad.

Por eso, algunos deciden dormir

 hasta la eternidad.

No de todas las personas tóxicas

nos podemos escapar.

Después de todo, el espejo habla

y la sombra abraza.

De inocencia me he quedado corta

y en mi cabeza vive una niña rota.

De mis ojos se ha creado una marea abierta

y una sequía en mi garganta.

De mi corazón ya no escucho razones

y de tus mentiras ahora conozco verdades.

El problema no es que hoy en día

se entregue el cuerpo más que el corazón.

El problema está en aquellos que dicen

entrar al corazón

solo para obtener el cuerpo.

A veces intentamos cambiar para complacer

y terminamos perdiendo

las mejores partes de nosotros,

la mayoría de esos momentos al parecer.

Ojalá los problemas fueran como el fumar
y desaparecieran al humo botar.

Creamos muros para protegernos del exterior,

sin notar que el enemigo

a veces se encuentra en el interior.

Parálisis

Siento que a veces floto
y que desconozco a donde broto.
Mi alrededor es un espejismo
y en mis sueños revivo el miedo con el que convivo.

Siento la opresión de mis demonios
y sus susurros carcomen sin demoro.
Mi pecho oprimen y mi oxigeno extinguen.

Siento la parálisis en la que me dejan,
como si en un coma estuviera.

Si levanto mis mangas, por mis venas veo el veneno

que me han heredado y me digo que no soy como

ellos, pero no puedes detener al ADN.

¡Cierto?

Estamos condicionados a poner

silicona en nuestros corazones,

implantamos sentimientos

que son más fríos que el hielo y más pasajeros

que el viento.

Porque no nos nace desde adentro,

porque hoy el amor se ha ido desvaneciendo.

Decimos que hemos evolucionado,

pero me niego a creerlo cuando hasta la tecnología

es un arma que mata a la juventud de nuestros días.

Siluetas desfiguradas en el agua.

La marea canta desolada.

Nosotros aun siendo peces nos ahogamos

en sofocada. Sin esperanzas, sin ganas.

Y morimos porque el veneno

que producimos nos contamina de picada.

Aprendió a maquillarse

Corrector para aclarar la oscuridad
dejada por las lágrimas.
Rubor para darle vida a la muerte
que se comenzaba a insinuar
con el tono de su decadencia.
Labial para camuflar las mordidas
dejadas por la frustración.
Ella aprendió.
Aprendió a mentir.

(James)

A veces los pensamientos no deben ser dichos.

No porque hieran,

sino porque al que dejan en evidencia

de que está herido es a uno mismo.

No perdí mi inocencia perdiendo mi pureza.

Perdí esa pequeñez cuando comprendí

que el amor no es color de rosa,

cuando entendí que los cuentos de hadas

no siempre terminan en un «felices para siempre»,

sino que también pueden acabar en un «hasta nunca».

La perdí cuando comencé a entender

que el cuento con género de «amor»

también puede terminar en «terror».

Dibujo siluetas en mis libretas.

Tratando de rellenar esas historias incompletas y,

al final, termino con historietas de ficción

y de maravillosa redacción.

Anhelando así los sueños que nunca cumplí.

Frío

Debajo de estas sabanas, se encuentra un alma inquieta.
Unos ojos a doloridos y una voz en extinción.
Un corazón muriendo de desilusión
y temblando de aflicción.

Debajo de estas sabanas se encuentra un cuerpo
en hibernación a la espera de un mundo
que deje de ser frío y que brinde más compasión.

Pecados

Dicen que peco de sufrimiento.

Que malagradecida con la vida estoy siendo.

Pero si solo entendieran que cada dolor es un demonio

con diferente color.

Que cada lágrima es un grito

con diferente sabor.

Solo tal vez, solo tal vez así

comprenderían que los pecadores son ellos.

Por juzgación y comparación

de diferentes sentimientos en descomposición.

Mundo

Acusas mi vestir, culpas mi actuar y condenas mi vivir.

Excusas, excusas.

Dices que, por el corte de mi falda,

el depredador saluda.

Que por el muy «hola» de mis pechos,

a los toques me ofrezco.

Mundo.

Abre tus ojos, destapa tus oídos.

Mira mi sufrir, escucha mi gritar.

Depredador,

depredador ese al que tú admiras con amor.

Mundo, mundo, ¿por qué me penalizas?

Cuando nada más con simplezas,

respirar es mi único pecar.

Aún

Aún escucho sus risas en unión.
Aún recuerdo los sobrenombres
con burlesca conjunción.

Aún recuerdo ese baño y su espantoso olor.
Su horrible color.
El sonido del cerrojo y mis lágrimas de socorro.

Aún... Aún recuerdo de memoria
el día en que comprendí
que la escuela es un campo de batalla
con suelo explosivo
en mal tiempo de guerra
que deja a sus soldados heridos,
en mal estado de emoción.

Confuso temor

Si digo lo que siento, todo se vuelve real.

Si callo lo que siento, el problema nunca se irá.

Dime qué hacer, dime cómo hacer,

que esto que mata junto sin pesar desaparezca

sin esperar.

Antes de que ocurra lo que temo a mis ojos cerrar.

Frente al espejo he quedado desnuda.
Los trapos de mentiras antes puestos han caído,
dejándome sin el presupuesto para comprar
una sonrisa más y con ella
actuar la felicidad que no me da.

Florecer

A veces estamos secos de sentimientos

y lloramos para regar las raíces

que necesitan florecer,

y así ver si en nuestro corazón aún algo puede crecer.

No creí en la magia hasta que vi
cómo a sus cicatrices ella volvía raíces.

Te concedo dos regalos.

Te regalo el perdón y también un boleto de adiós.
Uno para mi alma y otro para mi corazón.

El primero, porque me enseñaron
que el rencor contamina.

El segundo, porque eres más tóxico
que la contaminación de mi rencor.

Ella es sirena.

No sueña con su voz entregar,

por un hombre al cual agradar.

Ni su coleta cambiar, por un físico al que pueda acepar.

No, ella es esta mística criatura

con una poderosa manera de a la vida apreciar.

Ella es reina guerrera, que a la orilla sabe llegar,

aunque la marea intente arrastrarla al fondo del mar,

pues muy bien sabe nadar.

Ella es sirena porque, aunque vengan tormentas,

a todo mal sabe desterrar.

Luna

Brilla, brilla, luna mía.
Tú, con tu terapéutica melodía,
porque ante ti hoy he decidido llorar
y con mis labios suspirar.
Abrir mis brazos y mi alma entregar.

Brilla, brilla, luna mía.
Tú que con gracia me iluminas,
porque eres tú la única que a mi silencio
su lenguaje oculto entenderá.
Porque eres la única que, aun desde la oscuridad,
me ha de enseñar a sanar.

Brilla, brilla, luna mía.

El beso

Sentimientos confusos, se vuelven roces inconclusos.

Miradas volcán, suben temperaturas al tocar.

Labios sin poder hablar, por suspiros a los que tomar.

Estoy más gorda.

Más de sabiduría, más de amor propio.

De ternura por mí misma.

Más de paciencia y de comprensión.

De menos importancia a lo que la gente llama
insulto en cuestión.

Estoy más gorda por disfrutar el mundo a mi gusto
y no por darle gusto al que muere
por estar mirándome con disgusto.

Estoy más enamorada de ese «más» que hay en mí,
que hay ante la vista.
Que hay ante la vida.

Las estrellas brillan
en los lugares más oscuros.

Digo que eras tóxico,

pero tal vez era tóxica la forma

de sostenerte cuando debía

dejarte ir.

A veces hay que inyectarse de fantasía

para poder pasar el día.

Lamento haberte herido, lamento haberte abandonado.

Lamento las palabras en los momentos

que deseaste silencio

y lamento el silencio en los momentos

en que deseaste palabras.

Lamento el lamentar.

Lo lamento, querida yo.

En un mundo lleno de imperfecciones y de rarezas,

es donde se encuentra la belleza.

A veces es bueno vestirse de gala,

invitarse uno a salir y seducirse a sí mismo.

Siempre es bueno recordar que,

si de relaciones se trata,

al final de la noche con quien terminamos en la cama,

es con uno mismo.

Hablan de lo lindo que son los ojos azules y verdes.

Pero no olviden que el café es el que quita el sueño.

No confundas mis alas.

No porque vuele significa que al cielo te lleve.

Pétalos en las mejillas

Agua salada de raíz, baja del cielo en tus ojos.

Toca tierra, desciende, transciende.

Pétalos sentimentales

poco a poco comienzan a crecer.

Te preguntas si deberías dejarlos

florecer y te comienzas a contener

por no tener mapa a lo que

pueda suceder.

Pero recuerda: donde la lluvia nunca cae,

el arcoíris nunca se atrae.

Mujer: es reina.

Esa que con gracia actúa, esa que con humildad saluda.

La misma que con sonrisas a la humanidad perdura.

Es guerrera.

Esa que con dientes y alma pelea.

La misma con corazón de simpleza

y reflejos de tigresa.

Mujer: es el componente perfectamente imperfecto

entre la naturaleza y los inmortales.

Es delicada como flor y rabiosa como diosa.

Mujer: es ella.

Nuestros cuerpos deberían ser obras de arte.

Tal vez debamos hacer obras abstractas.

Sin bordes o medidas específicas.

Tal vez deberíamos tener una paleta color arcoíris,

sin especificación de cuál es el correcto.

Con más tonalidades de lo que se considera color piel.

No te hundas en tus penas
por no saber nadar entre ellas.

Ella es musa, no porque sea perfecta,

sino porque está descompuesta.

Porque cuenta una historia con su sonrisa imperfecta.

Ella es musa porque inspira sin lugar a dudas.

Dicen que no soy boxeadora,

pero entonces sonrío todos los días.

Moviendo los músculos de mi depresión,

dándole mis mejores golpes.

Dicen que soy fría
porque mi corazón no llora cuando debería.
Porque, aún con sangre en mis rodillas,
doy piruetas y vueltecillas.

Dicen que soy fría
porque tomo mis decisiones a mi gusto
causando disgustos.

Dicen que soy bruja

porque hablo lo que mi mente grita.

Porque actuó lo que siento y no lo desmiento.

Dicen que soy bruja

porque sonrió aun cuando desfallezco.

Desnuda mi mente y te dejaré hacerme el amor.

Desnuda mi alma y te dejaré destruirme.

Destrúyeme y te dejaré mis demonios al desnudo.

Ella es lectora.

A ella le excitan las palabras con sabiduría

y los versos en rima.

¿Por qué ir detrás de una rosa con espinas,

cuando existen girasoles que iluminan?

No niego que la soledad me asusta un poco,

pero comprendo que también

de las personas necesitamos vacaciones.

Recuerda que
a veces debes perderte
para poder encontrarte.
Es un proceso.

Caí

Caí en la magia.
La que consume y aviva, la que te hace viajar
sin necesidad del boleto de avión.
La misma que te hace enamorar ciegamente
sin el detalle del reflejo, del físico compuesto.

Caí en la magia de un suspiro robado con cada letra
componiendo una palabra; de amor, de desamor,
de ilusión, de alegría, de tristeza,
de miedo y de valentía.

Caí en la ilusión de una vida vivida por mis ojos,
de una vida producida por mi mente.

Caí por un libro.

Si ella no ha muerto por el desamor de sí misma,

no sueñes versión barata de Romeo

con que esta Julieta veneno por ti beba.

Nos llaman enfermos por hablar
de la tristeza sin tabúes
y sin manos presas.
Porque parece que se les olvida que la felicidad
no es el único sentir con el que muchos
pasamos nuestro vivir.

Si de terapia hablamos,

pues con la música bailamos

paso a paso con pies descalzos;

sintiendo, consumiendo.

No llorando, sino sudando

porque cuando la lírica sana,

hasta la tristeza separa sus labios y sonrisas regala.

Recuerda

eres un rompecabezas,

no dejes que se pierdan tus piezas

por los juegos de un niño.

Portas una sonrisa
con mucha seguridad, qué miedo
le das al que una vez
te hizo daño.

Éramos dos piezas descompuestas

que componían melodías en un mundo

sin una orquesta.

(Tú),

las personas como tú

son como luciérnagas en un bosque.

Sabes deslumbrar y sin palabras dejar.

Las cicatrices son como las cascaritas que

se crean al tu piel rasguñar.

Si las rascas para salir de ellas antes de tiempo

volverán a sangrar y, si las dejas ser,

a su paso sanarán.

Recuerda, al tiempo, tiempo mejor su viento.

Somos parte de la naturaleza.

A veces estamos nublados, a veces estamos soleados.

Y también nos volvemos huracán

de emociones descontroladas.

Y eso es ser humano.

Mujeres, seamos como los pétalos de un girasol.

Brillemos en armonía y contagiosa unión.

Sin tratar de marchitar la luz,

la que tu lado alumbra con pasión.

Dios hace todo por un motivo,

hasta cuando nos coloca a una persona

llena de intoxicación.

Es como: «Gracias por ser esa chispa

de negatividad,

que encendió mi motor de motivación».

(Adara)

No necesitas a nadie

más que a ti para salir

de esta.

¡Caballero con

brillante armadura?

¡Quién dice que

son solo hombres?

No te confíes de mi silencio

que, así como un niño pequeño,

algo malo he de estar haciendo.

Porque tranquila,

ni en sueños.

Gracias a los libros por haber salvado

mi alma en peligro.

Por haber construido un mundo

de felicidad y de delirio.

Gracias a los libros por haber

reconstruido mi fe en todo aquello que

a veces creo que está extinto.

Mantra eterno:

la vida es una pasarela

que se camina con frente en alto

y orgullo en mano.

Somos

Somos más que caderas y pechos,
más que piel y huesos.
Más que la envoltura
por la que nos desean los hombres,
que nos miran desde los ojos de un niño.

Somos más que hebras y sonrisas,
más que grasa y costillas.

No somos la definición perfecta del hombre.
Somos la definición perfecta de la naturaleza.

Somos mares y lagos, árboles y flores.
Somos altas y pequeñas, grandes y delgadas.
Somos muchas como para una sola perfecta ideología.

Somos más.

El mundo está contaminado con juzgadores,

el punto es saber que lo que ellos sueltan

por la boca no es la definición de tu persona,

sino el reflejo de sus propios

problemas.

Estoy a dieta

A dieta de las personas que observan mi cuerpo
con miradas juzgadoras.
De los que a mi escultura denominan imperfecta.
Del dolor en mi estómago por hambruna.
A dieta de intentar entrar en el molde
creado para otro cuerpo.
De pensar que una talla denomina
mi felicidad o infelicidad.
De sentir que el suelo bajo mis pies es una válvula
y el número mi penitencia.
Estoy a dieta.

Chica del ayer:
eres un poco más insegura ahora,
no de ti sino de la gente.

Caminas con la mirada al frente,
no por creída, sino porque ahora el
«qué dirán» te es indiferente.

Eres un poco más elocuente con solo sonreír,
ni las palabras te saben definir.

Estás un poco más madura,
no físicamente, sino mentalmente.
Un poco más hermosa,
que hasta brillas como luz fluorescente.

Yo ~~chica~~ del ayer:
me enorgulleces locamente.

Paloma Moya

Puertorriqueña, nacida el 26 de enero del 2000, es la menor de tres hijos. Está graduada de la National University College con un Bachillerato en Justicia Criminal, especializado en Investigación forense.

Lo que más le gusta del mundo que se puede encontrar en los libros es la oportunidad de poder ser quien uno quiera ser. La gente que la conoce la describe como un poco loca y malvada cuando se trata de las novelas que escribe.

En el 2017 escribió su primera novela en la plataforma de Wattpad. Los principales géneros en los que se desarrolla son: romance, misterio, fantasía y poesía.

Made in the USA
Middletown, DE
29 September 2021